AF499385

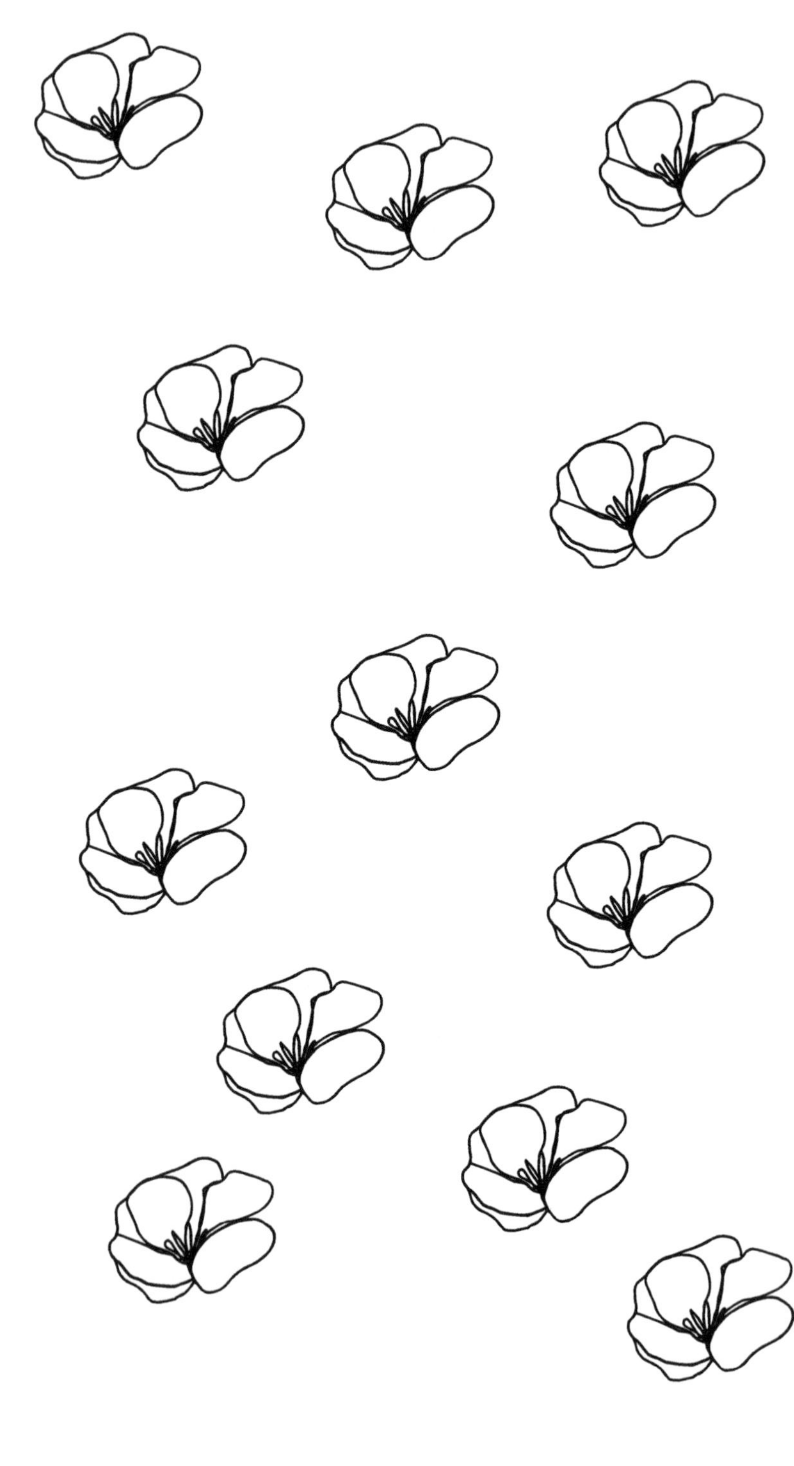

This Manifestation Journal belongs to:

and I declare that everything written here will come true.

i want it - i have it

i want it - i have it

i want it - i have it

i want it - i have it

i want it - i have it

i want it - i have it

i want it - i have it

i want it - i have it

i want it - i have it

i want it - i have it

What I want the most is:

And what I love the most the universe is going to give me, because I deserve it and I want it. It's already mine.

I Dream,
I Believe,
I Receive.

Grabovoi Code:

S	M	T	W	T	F	S

I am:

I have:

Affirmations:

I am grateful for:

Grabovoi Code:

S	M	T	W	T	F	S

I am:

I have:

Affirmations:

I am grateful for:

Grabovoi Code:

S	M	T	W	T	F	S

I am:

I have:

Affirmations:

I am grateful for:

Grabovoi Code:

S	M	T	W	T	F	S

I am:

I have:

Affirmations:

I am Grateful for:

Grabovoi Code:

S	M	T	W	T	F	S

I am:

I have:

Affirmations:

I am Grateful for:

My first letter to the Universe

Dear Universe, I am grateful for ....

but I would like to improve ....

-Next write everything you would like to achieve in your life as if you already had it:

____

____

____

____

____

____

____

____

Grabovoi Code:

S	M	T	W	T	F	S

I am:

I have:

Affirmations:

I am grateful for:

Grabovoi Code:

S	M	T	W	T	F	S

I am:

I have:

Affirmations:

I am grateful for:

Grabovoi Code:

S	M	T	W	T	F	S

I am:

I have:

Affirmations:

I am grateful for:

Grabovoi Code:

S	M	T	W	T	F	S

I am:

I have:

Affirmations:

I am grateful for:

Vision Board

Family

Finances

Personal Development

Relationship

Career

Health

Fitness

Wishes

Grabovoi Code:

S	M	T	W	T	F	S

I am:

I have:

Affirmations:

I am grateful for:

Grabovoi Code:

S	M	T	W	T	F	S

I am:

I have:

Affirmations:

I am Grateful for:

Grabovoi Code:

S	M	T	W	T	F	S

I am:

I have:

Affirmations:

I am grateful for:

Grabovoi Code:

S	M	T	W	T	F	S

I am:

I have:

Affirmations:

I am grateful for:

Affirmations

I am:

I am:

I am:

I am:

I am:

I am:

I am:

I am:

I am:

I am:

I am:

Grabovoi Code:

S M T W T F S

I am:

I have:

Affirmations:

I am Grateful for:

Grabovoi Code:

S	M	T	W	T	F	S

I am:

I have:

Affirmations:

I am grateful for:

Grabovoi Code:

S	M	T	W	T	F	S

I am:

I have:

Affirmations:

I am grateful for:

Grabovoi Code:

S	M	T	W	T	F	S

I am:

I have:

Affirmations:

I am Grateful for:

Grabovoi Code:

S	M	T	W	T	F	S

I am:

I have:

Affirmations:

I am Grateful for:

Vision Board

Family

Finances

Personal Development

Relationship

Career

Health

Fitness

Wishes

Grabovoi Code:

S	M	T	W	T	F	S

I am:

I have:

Affirmations:

I am grateful for:

Grabovoi Code:

S	M	T	W	T	F	S

I am:

I have:

Affirmations:

I am grateful for:

Grabovoi Code:

S	M	T	W	T	F	S

I am:

I have:

Affirmations:

I am grateful for:

Grabovoi Code:

S	M	T	W	T	F	S

I am:

I have:

Affirmations:

I am grateful for:

My second letter to the Universe

Dear Universe, I am grateful for ....

but I would like to improve ....

-Next write everything you would like to achieve in your life as if you already had it:

Grabovoi Code:

S	M	T	W	T	F	S

I am:

I have:

Affirmations:

I am grateful for:

Grabovoi Code:

S	M	T	W	T	F	S

I am:

I have:

Affirmations:

I am grateful for:

Grabovoi Code:

S	M	T	W	T	F	S

I am:

I have:

Affirmations:

I am grateful for:

Grabovoi Code:

S	M	T	W	T	F	S

I am:

I have:

Affirmations:

I am grateful for:

Affirmations

I am:

I am:

I am:

I am:

I am:

I am:

I am:

I am:

I am:

I am:

I am:

Grabovoi Code:

S	M	T	W	T	F	S

I am:

I have:

Affirmations:

I am grateful for:

Grabovoi Code:

S	M	T	W	T	F	S

I am:

I have:

Affirmations:

I am grateful for:

Grabovoi Code:

S	M	T	W	T	F	S

I am:

I have:

Affirmations:

I am Grateful for:

Vision Board

Family

Finances

Personal Development

Relationship

Career

Health

Fitness

Wishes

Grabovoi Code:

S	M	T	W	T	F	S

I am:

I have:

Affirmations:

I am grateful for:

Grabovoi Code:

S	M	T	W	T	F	S

I am:

I have:

Affirmations:

I am Grateful for:

Grabovoi Code:

S	M	T	W	T	F	S

I am:

I have:

Affirmations:

I am grateful for:

Grabovoi Code:

S	M	T	W	T	F	S

I am:

I have:

Affirmations:

I am grateful for:

Grabovoi Code:

S	M	T	W	T	F	S

I am:

I have:

Affirmations:

I am grateful for:

Affirmations

I am:

I am:

I am:

I am:

I am:

I am:

I am:

I am:

I am:

I am:

I am:

Grabovoi Code:

S	M	T	W	T	F	S

I am:

I have:

Affirmations:

I am grateful for:

Grabovoi Code:

S	M	T	W	T	F	S

I am:

I have:

Affirmations:

I am grateful for:

Grabovoi Code:

S	M	T	W	T	F	S

I am:

I have:

Affirmations:

I am grateful for:

Grabovoi Code:

S	M	T	W	T	F	S

I am:

I have:

Affirmations:

I am grateful for:

Grabovoi Code:

S	M	T	W	T	F	S

I am:

I have:

Affirmations:

I am grateful for:

Grabovoi Code:

S	M	T	W	T	F	S

I am:

I have:

Affirmations:

I am grateful for:

My thrid letter to the Universe

Dear Universe, I am grateful for ....

but I would like to improve ....

-Next write everything you would like to achieve in your life as if you already had it:

Grabovoi Code:

S	M	T	W	T	F	S

I am:

I have:

Affirmations:

I am Grateful for:

Grabovoi Code:

S	M	T	W	T	F	S

I am:

I have:

Affirmations:

I am grateful for:

Grabovoi Code:

S	M	T	W	T	F	S

I am:

I have:

Affirmations:

I am grateful for:

Grabovoi Code:

S	M	T	W	T	F	S

I am:

I have:

Affirmations:

I am grateful for:

Grabovoi Code:

S	M	T	W	T	F	S

I am:

I have:

Affirmations:

I am grateful for: